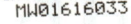

WELT REISE

EUROPA

IMPRESSUM © Disney Enterprises, Inc. 2022, Walt Disney Lustiges Taschenbuch Weltreise erscheint bei Egmont Ehapa Media GmbH, Alte Jakobstraße 83, 10179 Berlin I **Geschäftsführer** Per Gustav Kjellander I **Editorial Director** Marko Andric (v.i.S.d.P.) I **Marketing & Kooperationen** Jörg Risken (Publishing Director) j.risken@egmont.de, Nora Gollek (Head of Marketing) n.gollek@egmont.de, Christoph Bergholz (Senior Product Manager) c.bergholz@egmont.de I **Redaktion** Johanna Hölzler I **Druck** GGP Media GmbH, Karl-Marx-Straße 24, 07381 Pößneck I **Anzeigenverkauf** Per Gustav Kjellander (verantwortlich) I **Head of Media Sales** Dirk Eggert I **Freie Mitarbeiter dieser Ausgabe** Peter Höpfner (Petit Media), Manuela Buchholz, Petra Müller, Gudrun Penndorf, Susanne Walter (Übersetzungen), Sigi Hepner, Ursula Ries (Grafik), Michael Bregel, Kai Richter (Lektorat) I **Bilder** AdobeStock/Frédéric Prochasson, AdobeStock/REMINDFILMS I **Kontakt Walt Disney Publishing** Susanne Michels I Die Redaktion arbeitet auf Grundlage der neuen amtlichen Rechtschreibregeln und hält sich bei Auswahlfällen an die vom Duden bevorzugte Schreibweise. I

www.lustiges-taschenbuch.de, www.egmont-mediasolutions.de, www.egmont.de

EGMONT
Ehapa Media

story house
EGMONT

MIX
Papier
FSC FSC® C014496

INHALT

EDITORIAL

Hallo Freunde,

was wären die Ducks ohne mysteriöse Schatzsuchen, spannende Abenteuer und wilde Verfolgungs-
jagden? Dagobert Duck hat alle Hände voll damit zu tun, seinen Reichtum zu schützen, wenn nicht
gar noch zu vermehren. Natürlich sind dann auch Donald und die Neffen in der Pflicht, jede Mission
des Fantastilliardärs zu unterstützen. So anstrengend, wie das manchmal sein kann, so toll sind
diese Reisen auch, denn so entdecken die Ducks ganz nebenbei auch die schönsten Flecken Europas.
In Berlin jagen sie einem Diamantendieb hinterher, in Pisa eröffnen sie ein grandioses Hotel direkt
am schiefen Turm und in den norwegischen Fjorden haben sie es sogar mit einem riesigen Kraken
zu tun. In Italien, genauer gesagt in Neapel, wandeln sie auf den Spuren des großen Malermeisters
Raffael. Doch dort müssen sie besonders vorsichtig sein! Neapel liegt am Fuße des Vesuvs, auf dem
die Erzfeindin Gundel Gaukeley haust. So bleibt diese Exkursion natürlich nicht lange unbemerkt
und die Hexe mischt kräftig mit, um Dagoberts Recherchen zu sabotieren. Ob die Ducks Raffaels
Geheimnis trotzdem noch lüften können?

Micky Maus geht das Thema Reisen hingegen etwas entspannter
an. Mit Minnie ist er auf kulinarischer Genusstour durch die
Schweiz. Ganz oben auf der Liste steht die Verkostung einer
Käsedelikatesse. Doch was sind das für komische Ritze auf
der Rinde? Steht da „Hilfe"? So entspannt Micky und Minnie
auf ihren Reisen auch sein mögen, wenn jemand um Hilfe
bittet oder etwas gewaltig zum Himmel stinkt – abgesehen vom Käse – nehmen die beiden sofort die Spur
auf. Sei es in den Schweizer Bergen oder in der Welt-
metropole London, sie helfen, wo sie können!

Gute Reise und viel Spaß wünscht

die LTB-Redaktion

Marco Bosco (Story), **Roberto Vian** (Zeichnungen)

Die Arbeit an unserem gastronomischen Reisebericht ist mehr als angenehm.

Ich würde sie sogar als köstlich bezeichnen.

Wie schön, dass Fritte Feinspitz an uns gedacht hat, als er... **oh!** Das müsste er sein.

BIEP BIEP

Tag, Micky! Ich habe gerade euren Artikel zur Geschichte des Fondues gelesen. Wie geht es voran?

Wir sind jetzt in Schöpfwil, unserer letzten Etappe angekommen.

CHEF

"ENTENHAUSEN

ZU TISCH

Wird da nicht der berühmte Mommentaler Käse gemacht?

Allerdings! Ich werde ihn gleich testen.

Dann will ich nicht stören! Viel Spaß und guten Appetit!

Hehe! Danke, und bis bald, Chef.

KLICK

MENÜ

Ich schlage ein Verkostungsmenü mit allen Spezialitäten der Region vor.

Au ja! Ich hoffe doch, es ist auch Ihr köstlicher Käse dabei.

Jetzt verstehe ich, wieso ich die Fotos machen soll, du Schlingel.

Nun, als Verkoster muss man 100 Prozent bei der Sache sein.

Man sieht es. Seit wir unterwegs sind, hast du ein paar Pfunde zugelegt.

Hehe! Die specke ich in Entenhausen wieder ab.

12 Gänge später…

Ächz! Das Raclette mit Pilzsoße an Trüffeln war traumhaft.

Ich hatte den Eindruck, der Rest hatte dir auch gemundet.

Darf ich den Chäs auftragen?

Zu gern! Ich nehme zwei Scheiben Mommentaler.

Leider wurde unser gesamter Vorrat in der vergangenen Nacht gestohlen.

Jemand ist einge-brochen, um Käse zu stehlen?

Leider ja! Der Dieb muss durch das Hotel nebenan gekommen sein.

„Wir haben es aber erst heute Morgen entdeckt."

Seltsamerweise hat er nur Chäs gestohlen.

Der Schurke hat Geschmack. **Hihi!**

Aber wir wollen über das Mommental schreiben, da hätte ich den Käse gern probiert.

Tuet mer leid, aber der letzte Chäs der Jahresproduktion wurde grad abgeholt.

Das muss der Lieferwagen gewesen sein, dem wir vorhin begegnet sind.

Jo! Ds Outo von Grüz & Gräz, üser Großhändler.

Und Sie haben gar keinen einzigen Käse mehr?

Nur noch die Laibe, die zur Riefung im Käller ligga müesse.

Aber die sin für das kommende Jahr. Die wärde nid alangt.

Seufz! Ich möchte endlich diesen Käse kosten!

KLICK

Es git hie veile Reschtorants. Frogens do mal.

Ein guter Vorschlag. Märssi vielmals!

11

Essen wir im Hotel Edelweiss. Dem Gastroführer nach, haben die die beste Küche weit und breit.

Sehr gut! Ich verspüre so ein leichtes Magenknurren.

Obwohl du heute schon so viel gegessen hast?

Die Bergluft… Die macht mir eben Appetit.

Dabei wäre es besser, du hieltest Diät.

Das mache ich, wenn wir wieder zu Hause sind.

Endlich…

Ihr Mommentaler, der Herr.

Wir haben es geschafft! Er ist es!

Warten Sie mit dem Servieren. Ich will erst Fotos machen.

Und unsere Freunde zu Hause können auch probieren.

Hm! Ich glaube nicht, dass morgen noch etwas übrig ist.

Ich kann mich beherrschen, wenn ich muss.

Warten wir es ab. Gute Nacht!

Mitten in der Nacht...

Hm... schätze, der Käse ist im Kühlschrank.

Bingo! Das wäre auch geschafft.

Aber...

Ich mache mir noch rasch einen Kamillentee.

14

Kein Grund zur Sorge! Der Dieb ist bereits wieder getürmt.

Dem Scheppern nach zu urteilen, hat er sich in der Küche zu schaffen gemacht.

Richtig! Zum Glück hat er nichts gestohlen.

Sind Sie sicher?

Er hat etwas abgestaubt! Das ganze Stück Mommentaler!

Ach so?

Das beweist doch, dass der Dieb ein Amateur ist.

Tja dann, gehen wir wieder schlafen.

Genau wie gestern in dem Restaurant.

Dann kann man wohl von einer Serie reden.

Oder es war Zufall.

Das glaube ich nicht. Dazu wirkt das Vorgehen…

…des Käsediebs doch zu systematisch und überlegt.

Ja, aber welcher Dieb spezialisiert sich denn auf den Raub von Käse?

Und dann auch noch in eher geringen Mengen? Schätze, den guten…

…Mommentaler umweht ein womöglich finsteres Geheimnis.

Und…

Sieh ihn dir an. Kommt dir daran irgendetwas seltsam vor?

Nee! Für mich sieht das nach einem gewöhnlichen Käse aus.

17

Sehen wir es uns mal genauer an. Vielleicht... **oha!**

Da hat jemand etwas in winzigen Buchstaben in die Rinde geritzt!

ILFE GEFANG

„ilfe gefang"? Ist das Teil eines Satzes?

Der auf den anderen Käsestücken weitergeht. Aber die wurden gestohlen.

Und wenn schon! Eins habe ich fotografiert!

Aber klar! Minnie, du bist einmalig!

So...

Da ist ein schönes Bild von der Rinde. Kannst du es vergrößern?

Ja. Ich zoome auf 200 Prozent. Das müsste reichen.

TICKER KLACKER TICK

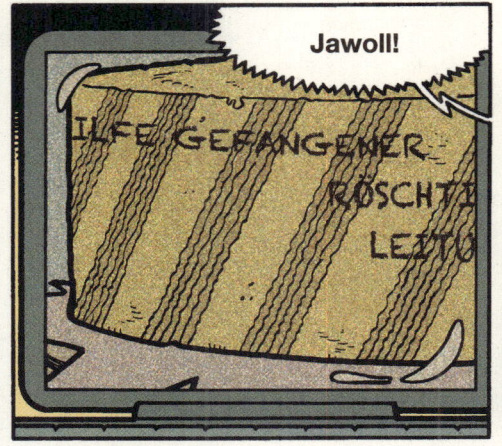

Jawoll!

ILFE GEFANGENER
RÖSCHTI
LEITU

Das erste Wort könnte „Hilfe" heißen. Aber dann…

Ja, es ist ein Hilferuf!

Da schalten wir besser die Polizei ein.

Ein Gefangener? Und der Hilferuf steht auf einer Käse-rinde?

Unterlassen Sie diese Anrufe, oder es gibt Ärger!

Aber… Er hat auf-gelegt.

Der Polizist hat ge-glaubt, ich würde ihn veral-bern.

Du musst zu-geben, dass die Geschichte auch unglaubwürdig klingt.

Schon! Aber ich glaube, es schwebt wirklich jemand in Gefahr und dass wir…

…versuchen müssen, ihm zu helfen. Zur Not auch ohne Polizei.

Richtig! Aber wie?

„Morgen Früh müssen wir herausfinden, was es mit Röschti auf sich hat…"

Es ist ein kleines Dorf. Viel kleiner, als ich es erwartet hatte.

Jetzt müssen wir nur noch ermitteln, was Leitu ist.

Das ist leicht! Jedenfalls, wenn damit das Wort „Leitungsmast"…

…gemeint ist. Da steht schon einer.

Und das dürfte der einzige in dem Dorf sein.

Eben! Fahren wir mal hin.

Vermutlich ist der mysteriöse Gefangene irgendwo hier.

Kurz darauf...

Die Straße wird immer unwegsamer. Wir sollten zu Fuß weitergehen.

Hoffentlich ist es nicht mehr weit bis zum Gipfel.

Ich nehme die Kamera mit.

Und ich den Computer. Den kann ich nicht im Wagen lassen.

Was glaubst du denn da oben zu finden?

Ich weiß es nicht. Daher ist es besser, vorsichtig zu sein.

Wir sind am Mast. Nur, wo ist das Gebäude, in dem sich der Gefangene befinden muss?

Hier ist keines. Vielleicht steckt er ja auch in einer Grotte.

Das könnte sein… oder nicht. Sieh mal da, Minnie.

Eine Hütte. Die sieht verlassen aus.

Türen und Fenster sind verriegelt und vernagelt.

Ideal, um jemanden gegen seinen Willen festzuhalten.

Zumal die Hütte so abgelegen ist, dass keiner vorbeikommt.

Ab und an kommt wohl doch jemand. Diese Reifenspuren sehen frisch aus.

Das kann nur ein Geländewagen sein.

Und wer den fährt, muss einen guten Grund haben, herzukommen.

Schauen wir uns mal um. Vielleicht finden wir noch andere Spuren.

Da ist eine Kellerluke.

Stimmt... ich werde mal versuchen, sie vorsichtig zu öffnen.

Sollten wir wirklich hineingehen?

Wir müssen! Schließlich ritzt keiner aus Vergnügen einen Hilferuf in Käserinde.

Ui! Da unten ist es stockfinster.

Ich gehe zuerst hinunter.

23

Wir hätten eine Taschenlampe mitnehmen sollen, Micky.

Ja, aber wer denkt schon an so etwas?

Eine Treppe! Da hier unten niemand ist, sollten wir es wagen.

Oh! Schätze, wir haben den Gefangenen gefunden.

Aaah! Wer seid ihr?

Was tun Sie hier?

Beruhigen Sie sich, bitte. Wir sind hier, um zu helfen.

Dann haben Sie meine Botschaft gelesen? Dem Himmel sei Dank!

Aber sagen Sie, weshalb sind Sie…

Nicht jetzt! Wir müssen sofort weg von hier.

Sie haben also unser kleines Labor entdeckt. Mein Kompliment!

Die Stimme kommt aus dem Kamin. Dann muss er auf dem Dach stehen.

Aber es wird dauern, bis Sie anderen davon erzählen können.

Das werden wir ja sehen.

Kuckuck! Gefällt es Ihnen da unten? Hehehe!

Aber... der Fahrer des Lieferwagens!

Als ich herkam, habe ich Ihr Auto gesehen. Also habe ich mich ange-schlichen.

Aber keine Bange! Ich werde euch nur ein paar Tage hier festhalten.

Nur so lange, bis ich einen weit entfernten Ort erreicht habe, wo ich in Sicherheit meinen Gewinn genießen kann.

Adieu, Ex-Partner. Es war ein Vergnügen, mir dir zu arbeiten.

Es wird Zeit für eine Erklärung. Fangen wir damit an: Wer sind Sie?

Und worum geht es überhaupt?

Seufz! Ich werde alles erzählen...

Mein Name ist Gregor Grimsel. Ich bin Bildhauer. Vor einigen Monaten kam Graber zu mir...

„...und überredete mich, meine Kunstwerke mal aus anderem Material als Holz und Stein zu machen..."

„Nach einigen Wochen dieser trostlosen Arbeit wurde es mir zu bunt…"

Aber Graber wollte weitermachen.

Deshalb hat er Sie hier eingesperrt.

Richtig. Den Grauzer und die Lebensmittel für mich hat er durch den Kamin hinuntergelassen…

…und den von mir bearbeiteten Käse heraufgezogen.

Dann haben Sie den Hilferuf in die Rinde geritzt.

Ja, aber leider hat Graber meine Botschaft entdeckt.

Ich muss sagen, das war ein genialer Trick.

30

Was?

Gustl Graber? Im Namen des Gesetzes sind Sie verhaftet!

Sieh nur, wer da ist, Minnie.

Sie? Aber wie…

Es war unmöglich, von der Hütte aus Hilfe zu holen.

Nein, es gab einen Weg.

Die Telefonleitung! Zugegeben, ohne Telefon im Haus war es etwas umständlich…

„…aber wir hatten ja unseren Computer mit Modem dabei. Den haben wir angeschlossen…"

„…und nach dem Anmeldevorgang konnten wir eine E-Mail an die Redaktion unseres Magazins in Entenhausen senden…"

footer:

Bruno Sarda (Story), **Francesco D'Ippolito** (Zeichnungen)

JAGD DURCH BERLIN

Walt Disney

Seufz! Unser Fieselschweif-Klubhaus hat schon bessere Zeiten gesehen. Und das ist verdammt lange her!

Da sagst du was! Aber Renovieren kostet, und Kosten können wir uns nicht leisten, weil in unserer Klubkasse gähnende Leere herrscht.

Dabei haben wir einen Großonkel, der im Geld schwimmt. Dreimal täglich.

D 2019-022

Wie hoch schätzt du wohl die Wahrscheinlichkeit ein, dass Onkel Dagobert etwas für unser Fähnlein springen lässt? Das kannst du voll vergessen!

Schon klar. Aber wer nur das Erwartbare wagt, nimmt dem Wunder jede Chance auf einen seiner seltenen Momente.

Außerdem ist man als Fieselschweifling von Hause aus auf Zuversicht geeicht! Also gehen wir es an, Brüder!

Sune Troelstrup (Story), **Flemming Andersen** (Zeichnungen)

35

Die preußischen Kronjuwelen waren in früheren Zeiten im Besitz der preußischen Königinnen und Könige. Einschließlich des Zepters Friedrichs I. und seines berühmten Reichsapfels.

Und bis gestern war die ganze Pracht ausgestellt im Schloss Charlottenburg in Berlin!

Bis gestern? Wo sind die Kronjuwelen denn heute?

Und was hast du damit zu schaffen?

Die Kronjuwelen wurden letzte Nacht gestohlen. Versichert sind sie bei der größten Gesellschaft der Welt, und die gehört mir. Was ich angesichts der zu erwartenden Forderungen bedauere, das könnt ihr mir glauben, Kinder!

Mach dir keinen Kopf, Onkel Dagobert! Wir finden die Klunker für dich, und kassieren die zehntausend Taler Belohnung!

Ich bin versucht, euer Angebot anzunehmen. Dann bleibt das Geld wenigstens in der Familie.

Daher...

Onkel Donald! Dürfen wir nach Berlin fahren? Bitte, bitte, sag ja!

Was?

Weißt du, wenn wir die gestohlenen Juwelen auftreiben, bekommen wir eine Belohnung, mit der wir unser baufälliges Klubhaus renovieren können!

Juwelen? Gestohlen? Berlin? Wart ihr wieder an meinem Blubberlutsch? Und was ist das für eine Geschichte mit dem Geld?

Jemand hat die preußischen Kronjuwelen mitgehen lassen! Und Onkel Dagobert hat eine Belohnung von zehntausend Talern ausgesetzt!

Ein hübsches Sümmchen, zugegeben. Doch die Jagd nach Juwelen ist nichts für Jungspunde wie euch! So eine Herausforderung verlangt nach einem gestandenen Mannsbild!

Ooch.

Ich denke aber, mit vereinten Kräften sind wir vier ein brauchbarer Ersatz. Also lauft und packt die Koffer! Wir nehmen den nächsten Flieger nach Berlin!

Hurra!

38

Der Alarm wurde um Mitternacht ausgelöst. Wir haben dann sofort im Umkreis von fünfhundert Metern alle Straßen gesperrt. Das war eine Sache von wenigen Minuten.

Und haben Sie jemanden erwischt?

Ein paar Touristen in einem Kleinlaster. Allerdings hat die Kontrolle nichts erbracht, und wir mussten sie laufen lassen. Die Kronjuwelen befinden sich wohl noch immer im Radius von fünfhundert Metern um das Schloss.

Wir neigen zu der Annahme, dass sie irgendwo hier im Schlossgarten vergraben worden sind!

Spricht etwas dagegen, dass wir uns an der Suche beteiligen, Herr Wachtmeister?

Uns ist jede Hilfe willkommen!

Freut mich zu hören! Also los, Jungs! Ich bin dafür, wir besorgen uns auch so einen Metalldetektor wie die Konkurr... räusper, wie die Kollegen!

He, was ist denn das? Die Farben kommen richtig gut, oder?

Das ist ein sogenannter Freundschaftsadler! Die Dinger stehen überall in Berlin, und auch in vielen anderen Städten auf der Welt! Sie sollen ein Symbol sein für Frieden und Freundschaft unter den Ländern und Menschen!

Eine nette Idee!

Wen haben wir denn da?

Diese Nervensägen sind wirklich überall!

Die müssen wir loswerden! Hier, nimm das und sieh zu, dass du sie so lange auf Trab hältst, bis wir das Stück sauber über die Bühne geschoben haben!

Gemacht! Hinterher kennen sie Berlin wie ihre Westentasche! Haha!

Klasse! Meine Fotos müssen unbedingt sofort ins Netz!

Sonst glaubt uns keiner, dass wir hier waren!

Moment! Wo ist denn meine Tasche abgeblieben?

Weg? Mit unserer Hotelreservierung und den Pässen? Und sag bitte nicht, dass deine Brieftasche auch da drin war!

Gut, dann sage ich es nicht. Aber es ist leider so! Alles, was ich noch habe, sind ein paar lose Geldscheine. Seufz!

Das fällt eindeutig unter Notfall. Ich rufe Onkel Dagobert an!

42

45

47

*Das Brandenburger Tor ist das letzte erhaltene von 18 Berliner Stadttoren. Es wird gekrönt von der Quadriga, einer Skulptur eines Viergespanns, in dem die Siegesgöttin Viktoria den Frieden in die Stadt bringt.

Tja, während du da oben das Standbild geschmückt hast, hat sich der Dieb davongemacht! Dumm gelaufen.

Und Onkel Dagobert hat noch immer nicht zurückgerufen.

He, Leute! Kiekt ma hier!

Den Reiseführer hab ick in meenem Laster jefunden. Ick schätze, dieser komische Vogel hat ihn verjessen!

Danke! Das könnte eine Spur sein!

Er hat da was angezeichnet. Etwas namens „Spreepark". Ich vermute, er ist in diesem Moment auf dem Weg dorthin!

Durchschaust du es noch immer nicht, Onkel Donald? Der führt uns an der Nase herum!

Jedes Mal, wenn er abhaut, achtet er genau darauf, dass wir ihm auch folgen und er uns nicht versehentlich abhängt!

Das bildet ihr euch ein, Jungs! Er ist einfach nicht der Hellste, und deshalb kriegen wir ihn!

Dieser Spreepark wird wohl irgendein Vergnügungspark sein. Was haltet ihr davon, wenn wir uns ein paar Runden Riesenrad genehmigen, sobald wir meine Tasche und damit mein Portemonnaie wiederhaben?

Na ja, Vergnügungspark klingt nicht schlecht.

53

55

56

58

Hach, bin ich froh euch zu sehen, Jungs!

Tut mir leid, dass ich mich nicht gemeldet habe! Ich bin nach eurem Anruf sofort zum Flughafen gefahren und habe auf einen Last-Minute-Flug gewartet!

Und da heißt es immer, Berlin sei eine Reise wert. Pustekuchen!

176-167

176-671

Du hast die Kronjuwelen also tatsächlich gefunden, Donald? Ich gebe zu, ich bin schwer beeindruckt!

Hüstel... also, eigentlich...

Eigentlich haben die Jungs sie gefunden! Die stecken jeden Detektiv in die Tasche! Meine Schule, natürlich.

Bravo!

Das habt ihr gut gemacht, Kinder!

Das darf man von Fieselschweiflingen auch erwarten.

Wochen später...

Hier ist ja mächtig was los!

Du sagst es! Die kommen aber nicht nur, um unser frisch renoviertes Klubhaus zu bewundern.

ENDE

DAS GEHEIMNIS DER SCHACHFIGUREN

Walt Disney

Ich nehme an, Sie werden London verlassen, Herr Plattnase?

Ja, aber nur ungern. Ich hege einen gewissen Anspruch und London ist eine Stadt mit Niveau...

...was sich nicht nur in der Sitte der Tee-stunde äußert.

Gewiss! Und wie ich feststellen darf, hat Ihnen das Angebot unserer Bücherei zu-gesagt.

LONDON

1-2905-3

Und offenbar besonders das Buch von Battist Belzon, dem Pionier der Ägyptologie.

Und wie es scheint, war der Autor ein überaus origineller alter Knabe.

17

O ja, ich habe es mit Interesse gelesen. Eine eigen-willige Lektüre, finden Sie nicht?

Teresa Radice (Story), **Stefano Turconi** (Zeichnungen)

„Bevor ich mich der Ägyptologie zuwandte, arbeitete ich in einem Zirkus. Und wenn ich ausging, begleitete mich mein Äffchen."

„Aber es gab noch einige andere Gründe, weshalb man mein Vorgehen als ungewöhnlich ansah..."

Aber, Herr Belzon! Warum tun Sie das?

Damit niemand vergisst, dass ich diese Skulptur gefunden habe.

KRATZ
BEL

„...die aber nichtsdestoweniger meinen Ruhm begründen sollten."

Er war der Raubgräber des 19. Säkulums. Aber das Britische Museum hat ihm viele seiner Exponate zu verdanken. Und...

...er hat auch einige bemerkenswerte Texte verfasst.

O ja. Du ahnst ja gar nicht, wie recht du hast...

The Lewis Chessmen

*Die Lewis-Schachfiguren.

...besonders auf die Notizen in diesem Buch bezogen.

Handschriftliche Anmerkungen von B. Belzon.

Ferien auf einem Hausboot! Das habe ich mir schon gewünscht, als ich noch ein kleines Kind war.

Und jetzt hast du diesen Traum wahr werden lassen.

Freut mich, dass es dir gefällt. Ich hab mir gedacht, nach den turbulenten Tagen in der Innenstadt...

SCHMATZ

...könnten ein paar ruhige Tage auf dem Fluss... **keuch! Schnauf!**... mitten im Grünen doch ganz erholsam sein... ächz!

Da hast du recht. Hier ist es wunderbar, geradezu romantisch. Kaum zu fassen...

...dass du von selbst darauf gekommen bist.

Schau mal, wir haben sogar Nachbarn.

„Gehen wir rüber und stellen uns kurz vor."

POCH POCH

Ich hoffe, sie sind nett. Ich vermisse nämlich die Gespräche mit meinen Freundin- nen...

!

?

Na, das ist aber ein seltsamer Zufall. Wir beide und...

Ja, Minnie! Das ist Plattnase!

Das Schwarze Phantom! Das Genie des Bösen! Der Schurke aller Schurken!

So viele Komplimente aus deinem Mund, Micky?

Wie dem auch sei, ich habe eine Zeit lang in einem Haus Ihrer Majestät verbracht und wohne nun hier.

Darüber hinaus bin ich hocherfreut, Sie kennenzulernen, Minnie.

Oh... wie galant.

Minnie! Welch ein erfreulicher Zufall, dass Sie unter all den Museen dieses ausgewählt haben.

Oh, das war Micky. Er wollte unbedingt in dieses Museum hier.

Und rein zufällig wollte ich das auch.

Nur dass ich allmählich meinen Glauben an Zufälle verliere.

Er zieht Minnies Aufmerksamkeit doch nur deshalb auf sich, weil er mir eins auswischen will.

Lewis-Schachfiguren? Davon habe ich noch nie etwas gehört.

Sie wurden 1831 auf der schottischen Insel Lewis gefunden.

Gefertigt wurden sie vermutlich im 12. Jahrhundert aus dem Elfenbein von Walrosszähnen.

Sie kennen sich ja wirklich sehr gut aus.

Gib's zu, du bist wegen Herrn Plattnase verschnupft.

Quatsch! Daran ist vielmehr der ständige Regen schuld.

Abgesehen davon weiß ich immer noch nicht, was genau er hier in London will.

„Also muss ich ihn weiter im Auge behalten..."

Zzz...

Gähn! Ich würde ja auch gern schlafen, aber ich muss versuchen...

KRIEK

Nanu?

Bingo! Ich wusste, dass er früher oder später einen Fehler machen würde.

DING DONG

PLITSCH

INDIAN RESTAURANT

Der Schuft scheint London bei Nacht zu mögen. Er rennt durch die...

...halbe Stadt, dabei will er nur ins Museum.

Es ist offen! Dann hat er die Alarmanlage abgeschaltet.

Und wo steckt er jetzt?

KLICK

Ein Geräusch. Aus der Etage über mir.

Wenn mein Gedächtnis mich nicht trügt, ist da der Saal...

...mit den Lewis-Schachfiguren.

Vielen Dank, Inspektor. Verzeihen Sie. Es wird nicht wieder vorkommen.

Das hoffe ich doch sehr, Frau Maus.

NEW SCOTLAND YARD

Du hast mal wieder den Vogel abgeschossen. Ich habe mich noch nie so gedemütigt gefühlt.

Glb!

Du kannst von Glück sagen, dass ich Kommissar Hunter anrufen durfte und er für dich gebürgt hat.

Ich weiß, Minnie. Es tut mir ja auch leid.

Es war leichtsinnig von mir...

Nein, es war dämlich von dir, nachts hinter einem Schatten herzurennen, Micky Maus!

POTTERY

VICTORIA LINE 23 FINSBURY PARK STATION

Und du bist auch der Einzige, der eine umgekippte Schachfigur gesehen haben will.

Ist ja gut. Ich war mir sicher...

LITTER

Habe ich das richtig verstanden? Du hast „war" gesagt?

Ja. Langsam zweifle ich selbst an meiner Theorie.

Uahahaaa! Es gibt keinen Zweifel! Ich bin auf dem richtigen Pfad!

Mein werter Battist, hätte ich damals schon gelebt, wären wir Geschäftspartner geworden.

BATTIST BELZON
MY EXTRAORDINARY LIFE
LONDON

„Mein außergewöhnliches Leben".

Aber keine Bange, ich werde vollenden, was dir zu vollbringen nicht vergönnt war.

Ich weiß, wie es ist, wenn einem die gebührende Anerkennung für ein geniales Werk versagt wird.

the London Times

FOILED THEFT TO THE QUEEN'S TREASURE

„Dreister Raub des Kronschatzes vereitelt!"

In dem Fall hätte auch ich angefangen, archäologische Fundstücke einzubehalten.

KNÜLL

Du hast in Ägypten reiche Beute gemacht, wie zum Beispiel die legendäre Maske von Rattmoses XIII.

ÄGYPTOLOGIE

RATTMOSES XIII.

Aber dann hing dir deine Beute wie ein Klotz am Bein und du brauchtest dringend einen Tapetenwechsel.

„Du stiftetest die Lewis-Schachfiguren dem Museum, nicht ohne sie vorher sorgsam präpariert zu haben..."

Ich schnitze den Lageplan meiner „Schatzkammer" in die Unterseite der Figuren. Da ist er sicher aufgehoben.

Danke, dass du den Hinweis darauf in dein Schachbuch geschrieben hast! Auch wenn ich dafür ins Gefängnis musste...

ZWINKER

B. BELZON MY FE

„...weil du das Buch in weiser Voraussicht der Gefängnisbücherei geschenkt hattest."

DIE LEWIS SCHACH

KNAST

KNAST

„So konntest du sicher sein, dass es nicht entdeckt werden würde."

Doch dann wurdest du leider etwas leichtsinnig, wovon ich nun zu profitieren gedenke.

„Durch den Bau der U-Bahn in London wurde deine Schatzkammer für dich unerreichbar."

„Du warst letzten Endes also gescheitert, Battist Belzon."

Aber ich, das Schwarze Phantom, werde triumphieren!

Hier habe ich die Karte mit den Zeichnungen, die sich auf den Schachfiguren befinden.

Und hier ist der genaue Plan der Londoner U-Bahn... nanu?

POCH POCH

Grmpf! Schon wieder diese Nervensäge von Minnie! Nie kann man in Ruhe arbeiten.

Herr Plattnase? Sind Sie da, Herr Plattnase?

Besser, ich verstaue alles, bevor ich ihr die Tür aufmache.

VRRR

KLACK

Wie schön, Sie zu sehen, Verehrteste! Wie darf ich Ihnen dienlich sein?

Nun ja, Micky und ich wollten uns nur für Ihre Gastfreundschaft revanchieren...

„...und Sie auf unser Hausboot einladen."

Hallo, äh... ich gehe mir nur rasch die Hände waschen, ja?

Sagen Sie, Herr Plattnase, welche anderen Museen können Sie noch empfehlen?

Hihi! Minnies Talent, jemanden in ein Gespräch zu verwickeln...

...könnte sich in diesem Fall wirklich einmal auszahlen.

HOPP.

SCHWARZES PH

Hm... hier sieht rein gar nichts verdächtig aus.

Vielleicht kommt es mir aber nur so vor, weil ich nicht weiß, was er vorhat...

B. BELZON
MY RAORDINARY LIFE

Battist Belzon? Die biografischen Daten sehe ich mir nachher in Ruhe an.

BIOGRAFIE

RITSCH

B. BELZON
MY EXTRAORDINARY LIFE

ÄGYPTEN

PHARA-ONEN

Gähn! Ich hab alles über den „Großen Belzon" gelesen, aber abgesehen davon, dass er außergewöhnlich war...

...wüsste ich nicht, was das Schwarze Phantom an diesem Tausendsassa so faszinierend finden könnte.

FLAPP

Sieh einer an. Man könnte ihn glatt für eine ausgemachte Leseratte halten.

SURRR

FLAPP

„Aber ich weiß, er sitzt nur da und wartet auf seine Chance, um zuzuschlagen."

Achtet immer darauf, dass die Röhre, die ihr säubern sollt, freigegeben ist. Erst dann geht ihr hinein, klar?

ON
OFF

Während London schläft, huscht ein Heer emsiger Arbeiter putzend...

...kontrollierend und reparierend durch das Netz der Untergrundbahn.

MIND THE GAP

BAKERLOO LINE
CIRCLE
DISTRICT
NORTHERN

EMBANKMENT

Ich muss nur den genauen Zeitplan ermitteln, damit mir die Kolonne nicht dazwischenfunkt...

„...wenn ich endlich zuschlage!"

Nein, Herr Belzon, ich bin kein Ägypter... Sicher, Sie sind der Allergrößte.

Uaah! Umpf!

WUMPS

Ächz! Was für ein verrückter Albtraum! Als wäre ich von diesem seltsamen Kerl besessen.

PLÄTSCHER

Aber trotz aller Bemühungen ist es mir bisher nicht gelungen, Licht in die Pläne des Schurken zu...

...bringen! Nanu?

Ich fasse es nicht! Plattnases Hausboot ist verschwunden!

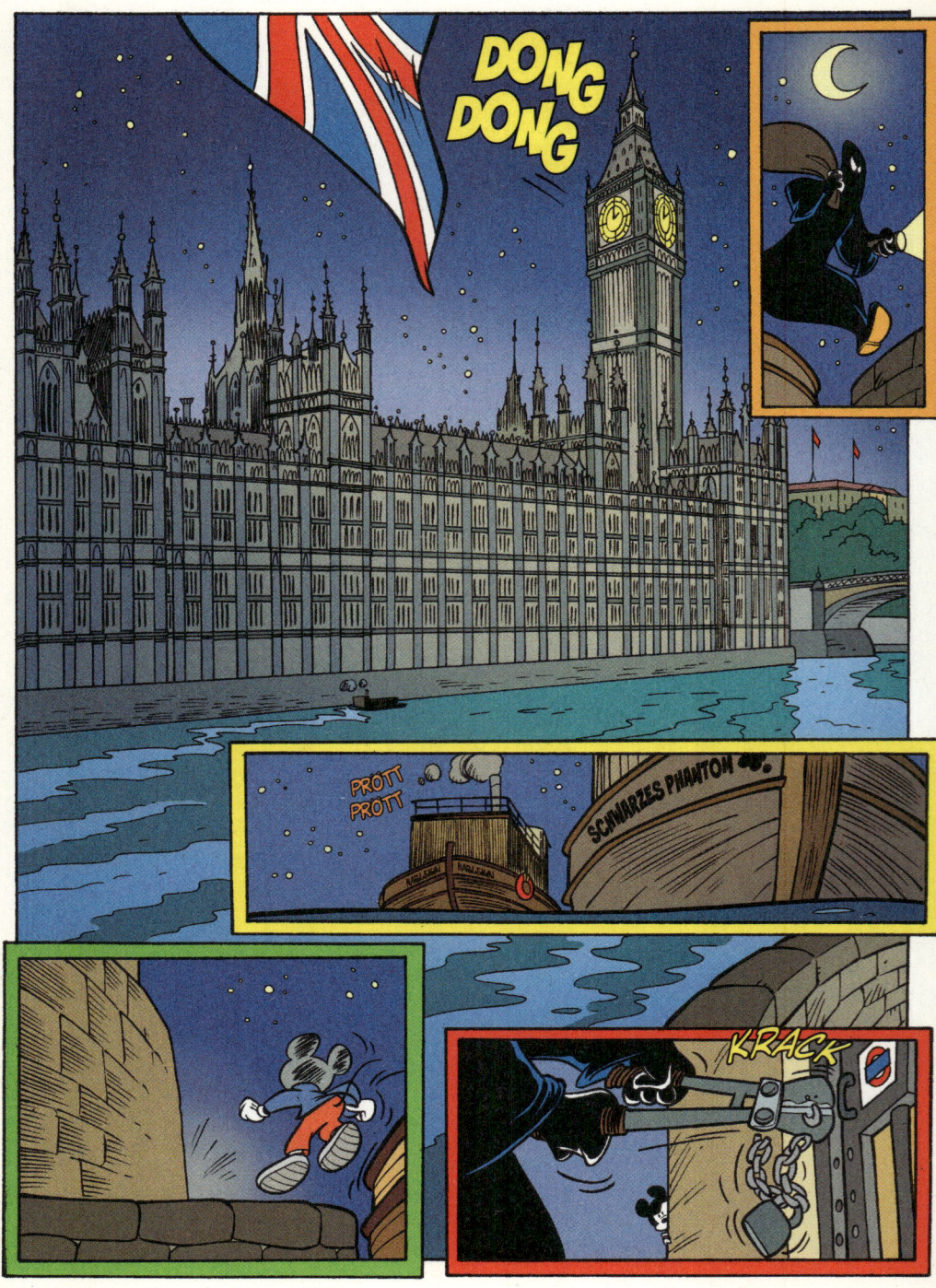

Das hatte ich vermutet! Du bist mir gefolgt, du kleiner Schnüffler!

Ups!

Ich wusste gleich, dass dein sanftes Getue gelogen war.

Wie auch immer, jetzt sind wir zu zweit, was mir im Grunde gar nicht unrecht ist.

Ich bin unbewaffnet. Was hast du also mit mir vor?

Das wirst du bald merken. Los, vorwärts!

Zünde die Lunte an! Und dann schnell in Deckung!

Hier gibt's gleich einen ordentlichen...

FZZZZZ...

ROMMS

82

Wa-was war das? Hast du das auch gehört, Micky?

He, wo bist du?

Da wären wir! Das ist die Galerie! Und in der Mauer neben dem Tor müsste...

...ein winziger Tunnel sein, an dessen Ende sich ein Hebel befindet. So hat es Belzon jedenfalls beschrieben.

Battist Belzon, der Ägyptologe? Ich habe einiges über ihn gelesen. Aber er war ein Riese von Gestalt...

...und wird wohl kaum dahinein gepasst haben.

Richtig erkannt, Micky. Er hat es sicher seinem besten Freund überlassen.

Und genau wie Belzons Äffchen damals wirst jetzt du für mich in diesen kleinen Tunnel kriechen.

84

Augenblick mal! Wir hatten die Tür doch offen gelassen, oder?

Also ich habe sie nicht zugemacht. Entweder war das ein Luftzug oder...

...dieser Knopf hat einen Schließmechanismus aktiviert, als ich die Maske vom Sockel nahm.

Jedenfalls ist das Tor hermetisch abgeriegelt.

Grrr! Das war eine Falle!

Und das verstehe ich nicht! Belzon hat mit keinem Wort auf die Falle hingewiesen.

Vermutlich, weil er verhindern wollte, dass jemand seine Kostbarkeiten klaut.

Grmpf! Was willst du damit sagen?

Nur dass du Belzons Biografie ganz offenbar nicht bis zum letzten Satz gelesen hast.

Die letzte Seite! Die hast du mir entwendet? Daher habe ich die ganze Geschichte gelesen, bis auf diese Seite.

Magst du die letzten Zeilen jetzt hören?

„Die Geschichte über mein Leben endet hier, aber das ist nicht das Ende meiner Abenteuer. Es gibt noch unendlich viele legendäre Schätze zu bergen. Ob ich sie alle finden werde, weiß ich nicht, aber eines ist gewiss..."

Wenn man nicht anerkennt, dass ich sie gefunden habe, wird sie auch kein anderer finden.

So ein... Blödian! Angeber! Großtuer! Wie konnte er mir das antun?

Weil er dachte wie du. Ihr habt nämlich auffallend viele Gemeinsamkeiten.

Holla! Was ist denn jetzt los?

Die Batterie der Taschenlampe lässt nach. Wir werden bald im...

...Dunkeln munkeln.

Tja, dann fasse ich mal zusammen, was hier alles nicht stimmt.

Also... Micky ist verschwunden und unser Hausboot liegt plötzlich an einer anderen Stelle, aber die Schwarze Phantom liegt immer noch neben uns...

Hm! Die Tür ist offen, nur scheint niemand da zu sein.

KLICK

Traumhaft schön ist es hier. Herr Plattnase hat wirklich Geschmack.

Das Teeservice. Einfach wunderbar. Und jetzt, da ich die Gelegenheit habe, kann ich nicht widerstehen...

Nanu?

KLACK

VRRR

ARTE

Die Zeit drängt, Micky. Wir müssen schleunigst einen Weg aus der Schatzkammer finden.

Ab fünf Uhr früh fährt die U-Bahn nämlich wieder regelmäßig. Dann kommen wir kaum über die Gleise nach oben.

Verstehe! Und wie spät ist es jetzt?

Na ja, dem Licht nach, das durch den Spalt da oben dringt, ist es kurz vor Sonnenaufgang.

Wie? Was hast du gerade gesagt?

Lichtstrahl? Spalt? Aber das bedeutet doch...

...dass die Decke gar nicht so stabil ist, wie sie auf den ersten Blick wirkt.

Versuchen wir, uns eine Trittleiter nach oben zu bauen.

Genügend Teile sind hier ja glücklicherweise vorhanden.

POCH POCH BUMM

89

Jedoch...

...somit ist es Ihnen zu verdanken, dass der enorm wertvolle Schatz aus den Funden Battist Belzons endlich entdeckt wurde...

...und ab heute in dem neuen Flügel unseres Museums der Öffentlichkeit zugänglich gemacht werden kann.

Ihnen gebührt nunmehr die Ehre, die Tafel zu enthüllen, meine Herren.

FLAPP

THE BATTIST BELZON COLLECTION
RECOVERED BY:
PLATTNASE, M...

Hehehe! Ich hoffe, dir ist nicht entgangen, dass mein Name ganz oben steht.

Hrmpf! Wenn man von unten nach oben liest, bist du der Letzte.

THE BATTIST BELZON
COLLECTION
RECOVERED BY:
PLATTNASE, MICKY MAUS,
MINNIE MAUS*

„Die Sammlung Battist Belzon. Wiederentdeckt von: Plattnase, Micky Maus, Minnie Maus."

90

Bitte schütteln Sie sich für das Foto die Hände.

Wie wäre es mit einem Lächeln?

Gut so, meine Herren!

Bitte bleiben Sie so.

BLITZ BLITZ BLITZ

Ausgezeichnet, mein Freund. Nun, da die Zeremonie vorbei ist...

PATSCH

...werde ich Sie in Ihre Zelle zurück-geleiten.

KLACK

Wie erfreulich, dass Sie sich bei uns wohlfühlen, nicht wahr? Denn diesmal werden Sie wohl ein Weilchen bleiben müssen.

Hmpf! Schweigen Sie, Roy! Denken Sie daran, dass ich beinahe einen der größten Schätze aller Zeiten in Händen gehalten hätte.

Und dabei fing alles mit einer ganz harmlosen Partie Schach an.

Nun, dann muss die Gewissheit doch umso tröstlicher für Sie sein, die Welt für längere Zeit...

POLICE

...wie durch ein Schachbrett betrachten zu dürfen.

ENDE

Giampiero Ubezio (Story & Zeichnungen)

93

97

Und...

Es ist echt toll hier.

Aber jetzt schlafe ich besser.

Am Morgen...

Gut geschlafen?

Wunderbar. Danke.

Dann gibt es jetzt Frühstück.

Ich muss zum Schloss Mausieux. Ist es weit von hier?

O nein!

Sie können gut zu Fuß dorthin gehen.

Es ist ein schöner Spaziergang.

Und so, nach dem Frühstück…

Da ist es!

100

Oh! Das sind ja zauberhafte Stücke.

Besonders diese Bodenvase…

Ist die schwer! Da lässt sich nur der Deckel bewegen…

Huch? Ich habe einen Geheimtresor geöffnet.

KLACK

Ich sollte ja nicht linsen, aber die Neugier...

Das muss die Nike aus dem legendären kaiserlichen Biskuit* sein...

...die Napoleon einst seinem ergebensten General geschenkt haben soll.

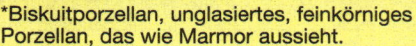

*Biskuitporzellan, unglasiertes, feinkörniges Porzellan, das wie Marmor aussieht.

Ich muss es sofort...

...Herrn Scherber erzählen.

Wir sehen uns morgen wieder.

Sehr neugierig!

In der Pension...

Schön, dass Sie kommen. Sie haben Besuch.

Wie? Aber...

Micky, du?

Ich schäme mich ja...

...aber ich war so in Sorge.

...ja, ich bin sicher... es ist das kaiserliche Biskuit.

Haben Sie vielen Dank.

Was ist denn passiert?

Hör zu...

Nach der Erklärung...

Bislang galt sie als verschollen.

Wenn diese Figur so kostbar ist, solltest du sie nicht sicherstellen?

Du hast recht.

Inzwischen, im Schloss…

Grumpf! Die Formel muss doch irgendwo hier sein!

DONG DING

Was denn jetzt?

Nein! Die Neugierige… und das in Begleitung!

Ich hätte noch zu tun.

Das ist mein Assistent.

108

109

110

Die Formel, die Sie gefunden haben, ist der Beweis dafür.

Er vertraute mir damals an, was ihm…

…gelungen war. Er hatte tatsächlich das Elixier…

„…der Unsichtbarkeit geschaffen! Damit war er an die Grenze des Vorstellbaren gelangt. Er hätte steinreich damit werden können, aber ihn quälte die Befürchtung…"

„…die Menschheit könne noch nicht bereit dafür sein. Daher beschloss er, die Formel für das Elixier geheimzuhalten…"

Er versteckte sie so gut, dass ich lange vergeblich danach suchte.

...um zu rauben, was ich schon immer haben wollte.

Doch zuerst wird es mir...

...zur Flucht verhelfen, sobald ich mit euch fertig bin.

Und...

Man wird nicht jeden Tag Zeuge eines solch ungewöhnlichen Vorgangs.

Geschafft! Ich werde es sogleich schlucken...

116

Er ist bewusstlos. Versuch, mich loszubinden.

Vielleicht war der Comte doch kein genialer Wissenschaftler.

Oder er war misstrauisch und hat…

…die Formel so geschrieben, dass nur er sie versteht. Dann bliebe die Unsichtbarkeit weiterhin ein Traum.

…ist es mir ein Vergnügen, Ihnen dieses Meisterwerk der Keramik zu präsentieren.

Die verloren geglaubte Nike aus kaiserlichem Biskuit!

ENDE

119

Bruno Sarda (Story), **Lucio Leoni** (Zeichnungen)

Giorgio Pezzin (Story), **Giorgio Cavazzano** (Zeichnungen)

Wer war das?

Carlo Cannelloni, ein Italiener aus Pisa!

Pisa? Das ist doch die Stadt mit dem Schiefen Turm?

Genau! Und Cannelloni besaß dort ein Hotel, genau gegenüber von diesem berühmten Turm!

Und genau das habe ich soeben für eine Million Taler gekauft!

Wenn das nur kein Fehler war!

Von wegen! Wisst ihr, wie viele Touristen jedes Jahr anreisen, um den Schiefen Turm zu besichtigen? Milliarden!

Und ich als Besitzer des einzigen Hotels auf dem Platz vor dem Turm mache daraus eine Gold- grube!

Oh! Ich tät' mir den Schiefen Turm auch gern mal ansehen!

Warum begleitet ihr mich nicht dorthin? Ich könnte schon Hilfe brauchen!

Wie? Ist das wahr?

Die Fenster gehen alle auf die Piazza dei Miracoli! Das heißt, jeder Gast hat freien Blick auf den Turm!

Garten und Terrasse sind wie versprochen groß und schattig gelegen!

Innen ist es sauber und in gutem Zustand! Rustikaler Stil, direkt anheimelnd! Genau das, was Touristen mögen!

Da habe ich wirklich ein gutes Geschäft gemacht!

Womit fangen wir an?

Ja, richtig! Du empfängst die Gäste, du bedienst den Aufzug, und du bist für die Getränke zuständig!

Einverstanden!

Sodann...

Preiswertes Hotel im Zentrum! Direkt am Schiefen Turm! Typisch italienische Küche!

BIMMEL BAMMEL BIMMEL

Was gibt es da?

Ach, da hat einer ein neues Hotel aufgemacht!

Wie praktisch!

Ist ja toll! Genau gegenüber vom Turm!

Ein Zimmer für mich!

Und wir haben Hunger!

BIMMEL BIMM

Hereinspaziert, meine Herrschaften! Hier ist Platz für alle!

Huch! Ist das nicht Dagobert Duck?

Der berühmte Milliardär kümmert sich persönlich um die Gäste!

Wenn wir das daheim erzählen, Elfriede!

Zehntausend Lire! Nicht schlecht! Dafür schlepp' ich gerne Koffer!

Na, läuft bei dir das Geschäft auch so gut?

Kann man wohl sagen! Wir sind ausgebucht, und es kommen immer neue Anfragen!

Wenn das so weitergeht, komme ich auf meine Kosten!

Nur Onkel Donald scheint nicht ganz so begeistert zu sein, wie?

So ist es...

Grmbl! Natürlich findet jeder einen Job! Fragt sich nur, welchen! A, B oder C!

Reingelegt hat er mich! Hier in Pisa macht er's genauso wie in Entenhausen! Jawoll!

Wenn das so weitergeht, werd' ich Millionär im Tellerwaschen!

Natürlich dauert es nicht lange, und die Nachricht von Onkel Dagoberts neuestem Coup erreicht auch seine Heimatstadt…

Enten-hausener Milliardär jetzt Hotelkönig in Italien! Triumph für Dagobert Duck!

Und hier noch eine sensationelle Meldung aus der internationalen Touristikbranche!

TV 51

In Pisa setzte ein wahrer Run auf das Hotel „Zum Schiefen Turm" ein, dessen Leitung kürzlich Dagobert Duck übernommen hat!

Grrr!

Jetzt auch noch in Pisa!

Ein geschickter Schachzug!

KLICK

Der Schiefe Turm zieht Millionen von Touristen an, und das Hotel soll genau vor dem berühmten Turm liegen!

Und ein Milliardär, der seine Gäste selbst bedient! **Hmpf!**

Immer wittert er die neueste Marktlücke! Damit hat er mich in der Milliardärsklassifikation schon wieder abgehängt!

Es sei denn...

Es sei denn... was?

Es sei denn, wir bringen die Sehenswürdigkeit, die so viele Touristen anlockt, einfach zum Verschwinden!

Wie? Heißt das...

Ja, wir biegen den Turm wieder grade!

Waaas?

Das ist unmöglich!

Unmöglich gibt es nicht! Das geht sehr wohl! Ich habe bereits eine ganz konkrete Vorstellung!

Kommen Sie mit zu meinen Bauingenieuren. Anschließend geht's sofort nach Bella Italia!

Na ja, trotzdem ist der Turm ein architektonisches Meisterwerk!

Ja, so was muss man auf seiner Weltreise unbedingt gesehen haben!

Der Turm wurde zwischen 1174 und 1350 in der Blütezeit der Stadt Pisa, errichtet!

Hm!

Hätten sie ihn da nicht gerade bauen können?

Die Neigung des Turms nach Südosten war ursprünglich nicht beabsichtigt. Grund dafür ist die Absenkung der Grundfesten, deshalb hat man aus Vorsorge bereits Zement in die Fundamente gespritzt!

Ja, der Boden muss schon während der Bauzeit nachgegeben haben!

Trotzdem haben die Pisaner die geplante Höhe von 55,2 Metern voll eingehalten!

Ja, und die Gesamtabweichung von der Vertikalen beträgt inzwischen vier Meter! Die jährliche Abweichung inzwischen 0,7 Millimeter, steht hier!

Gähn! Ich geh' schlafen!

Ich habe mich bei meinen Bauingenieuren erkundigt! Hier habe ich alle technischen Einzelheiten über diesen Turm...

...also die Anleitung, wie man diese Instrumente sabotieren kann!

WRRR

Diese Schraube lösen... den Transistor hier entfernen...

BSSSS

KNIRKS

KLACKS

So! Jetzt müsste es bei denen klingeln!

Tadellose Arbeit! Nichts zu sehen!

Wofür halten Sie mich! Also, in wenigen Minuten werden die Instrumente anzeigen, dass sich der Turm neigt...

...das wiederum löst beim Bürgermeister von Pisa eine Alarmglocke direkt neben seinem Bett aus!

In der Tat! Wenige Minuten später...

TRÖÖÖT

HOPS

Huch! Was ist passiert?

Bsss! Alarmstufe eins! Zunahme der Glockenturmneigung! Bsss! Lebensgefahr für die Bevölkerung!

Huch! Die elektronische Alarmanlage vom Schiefen Turm! Alarmstufe eins!

Und das in meiner Amtsperiode! Ich muss den Stadtrat einberufen!

Und so...

Die Apparate zeigen eine zehnfach höhere Neigung als normal an! Eine Katastrophe!

Wenn's so weitergeht, fällt er morgen um!

Was kann da nur passiert sein?

139

140

143

144

145

147

Zur selben Zeit...

Keuch! Ächz! Ich kann nicht mehr! Seufz! Hört denn das Abwaschen nie mehr auf?

Schluss für heute! Wir gehen ins Bett! Schlaf gut!

Geht ihr nur! Ich bin noch lange nicht fertig! Seufz!

Ich bin sogar schon zu müde, um mich aufzuregen! Also, eins nach dem andern! Zuerst das Wasser wechseln!

Das schütte ich draußen in einen Gully! Keuch! Es ist sowieso schon dunkel, da sieht's keiner!

So! Durch die Einspritzanlage wird das Mittel in den Untergrund gepumpt! Jetzt brauchen wir nur abzuwarten! Hähähä!

PUMP PUMP PUMP

Morgen hat das Gelände hier die richtige Elastizität, damit wir den Turm leicht aufrichten können! Jetzt ab ist Bett!

Höchste Zeit! **Gähn!**

Niemand zu sehen! **Keuch!** Wo ist denn hier ein Gully?

Huch! Dieses Wasserauffangbecken hier tut's eigentlich auch! Prima!

Da brauch' ich schon nicht so weit zu laufen!

PLATSCH

So! Jetzt kann ich auch ins Bett! **Gähn!**

Schluck! Achtung, Kinder! Klaas Klevers Weichmacher reagiert zusammen mit Donalds Abwaschwasser besonders aggressiv!

Mit anderen Worten, die von Klevers Technikern beabsichtigte Wirkung ist jetzt zehnmal so stark!

PUMP PUMP PUMP

Am nächsten Morgen…

He… was ist denn plötzlich mit dem Straßenbelag in der Stadt los?

Der ist ja aufgeblasen wie eine Luftmatratze!

Wie ist das möglich?

Überall in der ganzen Stadt dasselbe Bild…

Hilfe! Gurgel! Ich werde seekrank!

BLUBB BLUBB

Was ist denn mit dem Boden los?

Man läuft ja wie auf Schaumgummi!

Klaas Klever! Das kann nur das Werk meines Erzrivalen sein!

Da! Der Bürgermeister ist gerade dabei, ihn zu fragen, was er angerichtet hat!

Herr Klever, ich verlange eine Erklärung!

Oje!

Ich laufe wie auf einer Gummimatte! Was haben Sie gemacht?

Ganz ruhig bleiben! Es ist überhaupt nichts passiert!

Ich habe eine Art Weichmacher in den Boden eingebracht, um besser arbeiten zu können!

Eine Art Weichmacher?

Ein ganz normales geologisches Verfahren! Völlig ungefährlich! Tausendfach bewährt!

Herr Bürgermeister! Herr Bürgermeister!

Schluck! Die Lokalbaukommission! Was ist los?

Ich komme vom Seismographischen Institut!

Der Erdstoß hat zwar den Turm geradegerückt, aber durch die aufgeweichte Erde stehen dafür jetzt alle anderen Häuser schief!

Nein!

156

URLAUB AUF SCHLOSS WAHNSTEIN

Minnie und Micky haben einen Wochenendurlaub im berühmten Berghotel Schloss Wahnstein gewonnen...

Ich sehe uns schon die mächtigen Hänge hinabsausen!

Und ich uns den mächtigen Gepäckberg ins Hotel schleppen!

HOTEL SCHLOSS WAHNSTEIN

Willkommen im Wahnstein! Ich bin Wilfried Waldhuber, Ihr geneigter Gastgeber!

Wie ich sehe, fahren Sie Snowboard, Herr Maus! Sind Sie etwa ein Profi?

Hihi! Ich habe mir lediglich die weltbesten Tricks auf Video angesehen!

D 2003-120

Andreas Pihl (Story), **Joaquin** (Zeichnungen)

He, da ist Gusto van Gulden, der verschrobene Milliardär!

Und da heißt es, das Lesen von Boulevardblättern sei reine Zeitvergeudung!

Sieh mal! Das „Auge der Kobra"! Ohne den Diamanten geht van Gulden nirgendwohin!

Beeindruckend, was du alles weißt!

Hoppla!

POCK!

Ups! Nanu?

Hihihi! Wir sind wohl ein kleiner Tollpatsch, wie?

Und wie heißt du, mein Hübscher?

Äh... Micky!

158

159

Na, Pistenprinz, alles noch dran?

Du bist wohl nicht der geborene Wintersportler, wie?

Im Gegensatz zu Fiona! Sie ist eine Göttin auf Skiern!

Dafür sieht er auf dem Snowboard umwerfend aus! Sie können stolz auf Ihren Prinzen sein, Herzchen!

Das bin ich! (Fauch!)

Viel später, an der Hotelbar...

...und sein Geist trieb die Wanderer in den Wahnsinn!

Ich hatte keine Ahnung, dass es in den Bergen derart schaurig zugehen kann! **Mampf!**

Aber jetzt muss ich in die Heia, sonst bin ich morgen nicht zu gebrauchen! Gute Nacht!

Schlafen Sie gut, Herr Maus!

Und ich dachte, Bergbewohner wären zu handfest...

...als dass Unerklärliches sie gleich umhauen würde!

WUMMS

Umpf! Ich bin gespannt, wie ich mir das erklären werde!

Jemand hat die Scharniere losgeschraubt!

Fünf Minuten später...

So was passiert nun mal nicht zufällig, Minnie!

Ach ja? **Gäähn!** Meinst du?

Aber... die Tür sieht doch ganz normal aus!

Jetzt schon! Und vor ein paar Minuten lag sie auf mir!

Stimmt wohl! Da liegen Splitter auf dem Boden! Was willst du jetzt tun?

Nun, vorerst die Augen offenhalten!

Nur für alle Fälle!

165

167

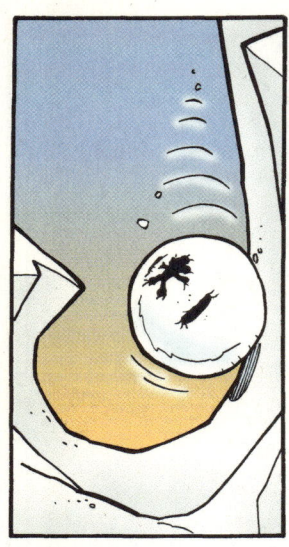

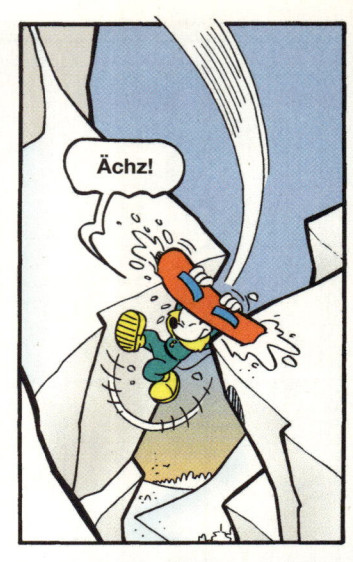

Ächz!

Nur Mut! Ich lass dich nicht hängen!

Da-das wäre echt nett!

Ich wollte es Herrn Waldhuber ja nicht glauben, aber hier kann einem doch allerhand zustoßen!

Vor allem, wenn jemand Riesenschneebälle ins Tal rollen lässt!

Los, finden wir raus, wer es war!

Wenn wir der Spur folgen, wissen wir immerhin, von wo der Schneeball kam!

Hm... leider hat der Kerl seine Spur verwischt!

Und wenn das die Tat eines Wahnsinnigen war?

Hia-ha-ha-ha-ha!

Wer weiß? Hier oben gibt es jedenfalls genug Irre!

Kurz darauf, im Hotel...

Wieso sollte jemand das sonst tun?

Vielleicht aus Neid auf meine Snowboard-künste? **Haha!**

Iiieks!

172

174

175

180

181

Bruno Sarda (Story), **Andrea Ferraris** (Zeichnungen)

DER KRAKE IM FJORD

Wir sind da, Kinder. Das Nordland Norwegen! Und das da ist einer von Onkel Dagoberts Lachszucht-betrieben.

Da ist noch etwas im Wasser! Sieht gruselig aus.

Das ist ein Sog. Hervorgerufen durch die Gezeiten. Und dieser hier ist berühmt, man nennt ihn Saltstraumen!

Laut einer Sage ist Saltstraumen die Heimat eines furchterregenden Kraken.

Hinsetzen und anschnallen, wir landen!

D 2017-199

Arild Midthun & **Sune Troelstrup** (Story), **Arild Midthun** (Zeichnungen)

184

187

188

189

Könnten Sie uns sagen, wo es sich befindet?

Kommt mit, es ist nicht weit von hier!

Eine kleine Klettertour später…

Hier ist es! Ein seltsamer Ort für ein Dock, nicht wahr?

In der Tat, Majestät! Aber perfekt, um gestohlenen Fisch auszuschiffen.

Ein verlassener Marinestützpunkt…

Der Kran ist stark genug, für ein U-Boot!

Ja, das hat sicher kein Oktopus gebaut!

Und das Wasser ist tief genug für ein Frachtschiff.

BANG BANG

Ihr habt recht, Jungs! Der Krake war wohl nur ein böser Traum…

Bruno Sarda (Story), **Roberta Migheli** (Zeichnungen)

DAS GEHEIMNIS VON SPARTA

Walt Disney

Augusto Macchetto (Story), **Marco Palazzi** (Zeichnungen)

Aber wieso hat er das getan, Indi?

Eine gute Frage. Onkel Oklahoma war...

„...der eher zerstreute Typ..."

Wo ist meine Sonnenbrille... und wieso ist es hier derart duster?

Aber vor allem, was machen Sie in meinem Haus?

Ups! Habe mich in der Tür geirrt... und den Schlüssel verloren...

...der tat, was ihm gefiel.

Aha...

Er sagte immer, was zählt ist das Abenteuer, nicht das Ende.

Verstehe... hihi!

„Außerdem mochte ihn jeder. Er hat sogar im Britischen Museum gezeltet..."

Aber das verstößt gegen die Regeln.

Ich fahre morgen nach Rom, das Forum neu entdecken.

„Und dabei hat er ab und an wirklich etwas entdeckt..."

Das wurde fotografiert und beschrieben, aber nicht erforscht.

Klar.

Als Wiederentdecker waren ihm neue Erkenntnisse einerlei.

Richtig! Aha...

Mijam... das ist Honig.

Und Bienenwachskerzen.

Sieh dir das an. Der Stock scheint wichtig zu sein.

198

199

„Trotzdem gewann er eine Schlacht nach der anderen..."

Die Feinde haben sich zurückgezogen. Offenbar hat es sie verunsichert, dass wir schliefen, statt zu kämpfen.

Scht! Ich schlafe noch!

Ja... sicher, Agesilaos.

So wurde er als milder König berühmt.

Mild wie Honig. Hm...

Die Spartaner verehrten ihn. Er wollte aber keine Statue von sich.

Wieso nicht?

„Weil..."

Das Monument eines Königs ist sein Lebenswerk!

Gut! Ich schreibe es nieder.

Wenn die Zeit kommt, wird es Zeit für...

...ein Nickerchen, wie üblich. Hehe!

Und so…

Eine romantische Idee, sich dem Peloponnes auf einem Schiff zu nähern.

Ja! Die kochen hier an Bord wirklich sehr gut.

Ich meinte romantisch, nicht aromatisch!

Oh, verzeih…

Die Wellen, Delfine, der Sonnenuntergang…

Die Seekrankheit… **Ächz!**

Indiana!

Oh, verzeih…

Schauen wir mal, wie dein Onkel weiterreiste.

Und was er gegessen hat…

„Drei Tage Kurs 38 Grad Nord, 28 Grad West…"

Dann wären wir ja fast da.

„Steuerbord voraus ragt ein Stein aus dem Meer, der…"

Da! Onkel Oklahoma hatte gute Augen.

„…eine Turmspitze von Atlantis sein dürfte."

Na, klar!

Kontrollieren kostet nichts, Indiana.

Okay.

Bis…

SPARTA

Endlich sind wir in Sparta!

Die Reise im Heuwagen ist echt kein Vergnügen.

Für Oklahoma schon.

Er war im Winter hier. Danke!

γεια σου.*

*Auf Wiedersehen!

Hab's mir anders vorgestellt.

Viel ist vom antiken Sparta nicht übrig.

Tja, dann fangen wir mit der Suche an.

Ok… und wonach?

Skordalia, Tyrokafteri, Loukoumades!

Ist das eine Art Geheimkode?

Nein! Knoblauchcreme, scharfe Fetapaste und frittierte Hefebällchen.

Bist du wieder romantisch…

HELL

207

Daher…

Nur… mampf… hungrig!

Hast du dir deshalb die ganze Platte genommen?

Hehe… verzeih…

Jetzt ist sie leer.

!

Sie… sehen aus wie er!

So? Wie wer?

Na, dem auf dem alten Foto.

Und wo ist dieses Foto?

„Im Wohnzimmer."

Der Ururonkel!

208

Und Jannis kennt einen besonderen Bienenstock.

Stimmt! Kommt mit!

Und...

Mama will nicht da hinein, aber ich bin mit den Bienen befreundet.

Also, ich höre lieber auf deine Mama!

Das sind Massen an Bienen.

Als Diebstahlschutz nicht übel.

Ja! Sie sind Jahrhunderte lang unermüdliche Wächter.

Oooh! Das klingt romantisch.

Eben, wenn man an die Tonnen Honig denkt...

215

Bruno Sarda (Story), **Lucio Leoni** (Zeichnungen)

DER ZAUBERBLAUE STEIN

ERSTER TEIL

Urbino, um 1490 …

Stellt Ihr neue Farben her?

Richtig! Sieh sie dir an!

IP-3359-1

Bruno Enna (Story), **Alessandro Perina** (Zeichnungen)

Die Steine werden zermahlen und mit einer Lösung vermischt...

Mit Lauge, stimmt's?

Richtig! Die Mischung aus Lauge und Pulver wird ausgepresst, und dann erhält man das hier!

So richtig blau ist das Blau aber nicht!

Du hast ein gutes Auge, Sohn! In der Tat ist es kein reines Blau.

Es heißt, es gäbe einen Stein, aus dem sich ein Ultramarin-blau gewinnen lässt... das noch blauer ist!

Noch blauer... Zauber-blau?

Haha! Wenn du so willst!

Es ist ein ganz besonderer Farbton, mit magischen Eigenschaften!

Macht es die Bilder lebendig?

Gewissermaßen, ja...

Jeder Künstler auf dieser Welt träumt davon, diesen Farbton herzustellen!

Dann werde ich das machen!

Na ja, erst mal musst du ein richtiger Künstler werden! Wie dein Vater!

Werde ich das schaffen?

Wer weiß, mein kleiner Raffael!

Sieh nur, Onkel Donald! Eine komische Wolke über dem Geldspeicher!

Ein komisches Wetterphänomen!

Ich tippe auf eine Entladung negativer Energie! Holt mal das Fernglas!

Flattert oben auf dem Dach nicht irgendwas?

Das sehen wir gleich!

Oha! Tatsächlich! Sieht aus wie eine Gewitterflagge!

Das bedeutet…

…dass Onkel Dagobert gerade irgendwem die Leviten liest!

222

„Dann halten wir uns besser fern..."

Grrr! Sie können froh sein, dass Sie am anderen Ende der Welt sind!

T-tut uns leid, Herr Duck! Zu unserer Entschuldigung sei gesagt...

Ich will keine billigen Ausflüchte! Es muss doch eine Erklärung geben! Einen Schuldigen!

DONNER

Eine ganze Mine voller Lapislazuli leert sich doch nicht einfach aus dem Nichts!

Das haben wir uns auch gesagt! Aber es ist geschehen, und ganz aus dem Nichts!

Wie durch Zauberei!

?

Italien, am Fuße des Vesuvs...

ACHTUNG, BESEN VERKEHR!

VERHEXTES GEBIET!

Ja, Chef!
Die Hexe ist gerade heimge-
kehrt!

Wie bitte? Ich soll
noch näher ans Haus?
Aber so riskiere ich,
entdeckt zu
werden!

Ich muss wissen, was sie ausheckt!
Sie werden mich doch nicht enttäuschen?
Sie sind mein bester Mann vor Ort!

Rein zufällig bin ich auch Ihr letzter Mann vor
Ort! Alle anderen sind in Frösche
verwandelt worden!

ACHTUNG
FLÜCHE!

Quak!

Na schön! Ich gehe näher ran, aber
dann kehre ich sofort auf meinen
Posten zurück.

Quak!

AUFSTIEG
ZUM
ABGRUND

Es neutralisiert den Effekt der Stinkknolle und kuriert auch andere Allergien!

Ach, du meine Güte! Das ist doch nur eine Legende!

An der Herstellung dieses Amuletts haben sich schon viel mächtigere Hexen die Zähne ausgebissen!

Ja, weil sie nicht den richtigen Stein hatten!

KLAPP

Ein Lapislazuli von einzigartiger Farbe, aus dem sich ein Blau gewinnen lässt, das … blauer ist als jedes Blau!

Ich bin sicher, dieser Stein existiert! Das habe ich im Blut! Und sobald er mir gehört…

… gehört mir auch die Nummer eins!

228

Darin sind wir uns alle einig!

Genau... oder fast alle!

Was? Wer nicht?

Nun ja... so ein eigenwilliger Typ, den aber in Wissenschaftlerkreisen niemand ernst nimmt!

Grmpf! Wenn auch nur der geringste Verdacht besteht, dass es diesen Stein gibt, muss ich das wissen! Wie heißt der Mann?

E-Echo!

Adalberto Echo! Ein italienischer Kunsthistoriker!

Der Name sagt mir irgendwas! Ihnen auch, Baptist?

Könnte sein, Chef!

229

Adalberto Echo? Aber sicher erinnere ich mich…

Wir haben ihn vor ein paar Jahren in Italien kennengelernt. Er hat uns ein wenig herumgeführt.*

*Als Kunstexperte und Reiseleiter schlägt Adalberto jeden Reiseführer um Längen!

Also kennt ihr ihn persönlich? Wie ist er so?

Ein bisschen verrückt, aber liebenswert! Seine Schwester hat ein Restaurant und kocht…

Spüli

Jaja! Ist er glaubwürdig, oder nicht?

Wie?

Auf seine Art ist der Professor echt genial!

Er ist Kunstexperte und hat Sachen herausgefunden, die niemand sonst entdeckt hat!

231

„... deshalb muss ich mir ein gutes Täuschungsmanöver einfallen lassen!"

Och nö, auch noch der Zylinder? Reicht es nicht, wenn ich deinen Gehrock trage?

Lamentier nicht, Dussel! Das ist schließlich alles, was du tun musst!

Abgesehen davon, vor meinem Bürofenster auf und ab zu spazieren!

Als eine Art Schaufensterpuppe, meinst du?

Genau! Gundels Spione sehen, dass jemand hier ist, und sind beruhigt!

Könnte ich nicht wenigstens hiermi...

Nein!

PATSCH

Du-machst-hier-gar-nichts!

Räusper! Keine Sorge, Chef! Ich gebe schon auf ihn acht!

233

Italien, Florenz, etliche Stunden später…

Es hat geklingelt! Kann mal jemand aufmachen gehen?

Hast du gehört, Adalberto? Willst du den Abwasch übernehmen oder gehst du zur Tür?

Das würde ich ja gern, Rosina, aber ich komme nicht zur Tür!

Ich gehe!

Danke, Viola! Wenn es ein später Gast ist, schick ihn weg!

Aber wenn es der Postbote ist, soll er mir die Büchersendung durchs Fenster reinwerfen!

238

„Aber keine Sorge! Er wird sich erholen und das Geld lockermachen. Schließlich ist er der reichste Mann des Universums!"

KNISTER KNISTER

Puuh! Mir ist langweilig!

Verbringt Onkel Dagobert wirklich seine Zeit damit, immer wieder seine seltenen Münzen zu zählen?

Nur, wenn er sich entspannen will!

RASCHEL RASCHEL

Und was hört er hier andauernd für einen nervigen Ton?

RASCHEL RASCHEL

Eine Art weißes Rauschen, das er für seine Konzentration braucht. Es imitiert das Rascheln von Geldscheinen.

ENTSPANNENDER GELDREGEN

Pah! Ich möchte lieber Musik hören, wenn Sie erlauben!

Das haben wir gleich! Ich entlocke diesem weltweiten Hexenweb die nötigen Daten...

... nutze den Zauberspruch zur Gesichtserkennung, schicke die Ergebnisse durch einen magischen Filter und...

Na bitte! Bertelchen ist gerade in...

Oha! Er ist hier! In Italien!

FLORENZ

Ich werde gleich wissen, was du im Schilde führst, alter Zausel! Du bist ja nur... einen Besensprung entfernt! **Hihihi!**

Gundel hat Dagobert doch erwischt! Wird es ihm gelingen, den zauberblauen Stein zu finden? Das erfahrt ihr in der Fortsetzung der Geschichte...

ENDE
des ersten Teils

DER ZAUBERBLAUE STEIN

ZWEITER TEIL

Gundel und Dagobert sind auf der Suche nach einem Stein mit magischen Fähigkeiten. Zusammen mit seinen Neffen reist Dagobert nach Italien, um Professor Adalberto Echo um Hilfe zu bitten…

In der Werkstatt von Raffael Duckzio, Città di Castello, 1499…

Wie bekommt Ihr nur so ein unglaubliches Blau hin, Maestro?

Ein Familiengeheimnis! Aber da Ihr meine ersten Schüler seid, lasse ich euch teilhaben!

IP-3360-2

Die Farbe ist einem besonderen Stein zu verdanken, von dem mein Vater mir früher erzählt hat.

Ich habe jenseits des Ozeans nach ihm suchen lassen… und da ist er!

Oh! Fantastisches Blau!

Bruno Enna (Story), **Alessandro Perina** (Zeichnungen)

„Es ist der für mich wertvollste Besitz!"

Pft! Das Ding ist doch durch und durch gewöhnlich!

Entenhausen heute...

Wenn Ihr Onkel wüsste, dass Sie so von seiner Nummer Eins sprechen...

Tss! Er ist ja nicht da, sondern in Italien!

Und ich sitze hier in seinem Büro fest, um in dieser dummen Verkleidung Gundels Spione zum Narren zu halten!

Apropos Narren, Herr Dussel! Ich schlage vor, Sie lassen sich mal wieder am Fenster sehen!

Keine Sorge, Baptist! Die Hexe wird nicht mitbekommen, dass mein Onkel nicht da ist!

Sie rührt sicher gerade ganz verhext in ihrem Kessel zu Hause am Vesuv und ist...

247

Raffael benutzte das kostbare Zauberblau nur für ausgewählte Werke.

Er hat in vielen verschiedenen Städten Italiens gemalt und natürlich dorthin...

... auch immer seinen Lapislazuli mitgenommen, aus dem er die Farbe gewann!

Genau! Fakt ist, nicht alle Experten glauben an diese Theorie, deshalb müssen wir...

... sämtliche infrage kommende Werke überprüfen, eins nach dem anderen.

Wenn es sein muss!

Hauptsache, wir verhindern, dass Gundel den Stein vor mir findet!

Hör an, hör an...

248

Aber als Erstes ziehen wir uns wie Einheimische an, damit wir nicht auffallen!

Hm? Was meint er damit?

Ach, Onkel Dagobert hat einfach Angst, dass einer der Hexenspione uns erkennt.

Hier bitte, die Staffage! Spielt eure Rollen überzeugend!

Dann solltet ihr als Erstes lernen, dass wir Italiener nie ohne Frühstück aus dem Haus gehen.

Na los, ich habe eine Kleinigkeit vorbereitet. Ihr müsst doch was im Magen haben, bevor ihr wohin auch immer aufbrecht…

Oha! Danke, Signora Rosina!

Wie kommt es, dass dein Onkel an Hexen glaubt, Tick?

Tja, dazu müsstest du Gundel kennen, Viola!

Aber wieso darf sie den Stein nicht zuerst finden?

Anscheinend kann sie daraus ein Amulett herstellen, mit dem sie…

… die Hexenabwehranlagen des Geldspeichers überwinden kann.

Aha…

Woher zum Hexenbesen weiß Dagobert, dass ich nach diesem Stein suche?! Aber wenn er auch danach sucht…

… heißt das doch, dass der Lapislazuli wirklich existiert!

Und da der alte Zausel so gut darin ist, Dinge zu finden, werde ich ihn sicher nicht aufhalten!

ZIIISCH

Wenig später landet die kleine Reisegruppe in den Marken! Genauer gesagt in Urbino...

... angeblich eine „Idealstadt" der italienischen Renaissance.

Eine fantastische Stadt!

Wohl wahr! Und obendrein steht hier das Geburtshaus von Raffael!

„... ich sollte sie noch vor Dagobert besuchen!"

Ja, ich bin Artemisia Putti! Mit wem habe ich das Vergnügen?

Die Antwort kannst du in meine zauberhaften Augen lesen!

Huch!

ZAZZAM

Schön! Und jetzt sag mir, wo Raffael seine Werkstatt hatte!

I-ich weiß es nicht genau!

Keine Ausflüchte! Denk dran, du stehst unter einem Zauberbann!

D-die Sache ist... Das Geheimnis verbirgt sich in diesem Bild...

... die Muha!

?

DIE MUHA RAFFAEL

Und ich weiß durch deine Vorarbeit, wonach ich suchen muss! Danke, Artemisia!

Moment!

Ich komme mit! Schließlich habe ich die entscheidende Vorarbeit gemacht!

Knurr! Hauptsache, wir beeilen uns!

Du hast recht! Wenn Signor Duck nichts dagegen hat...

Ich bin Gundel einen Schritt voraus und will diesen Vorsprung nutzen!

Grr! Aufgeblasener Gockel! In Wahrheit bin ich dir voraus!

Dann auf zum Bahnhof! Unser nächstes Ziel heißt...

„… Città di Castello!"

Wir befinden uns mitten in der historischen Altstadt. Hier hatten früher zahlreiche Handwerker ihre Werkstatt.

Das müsste der richtige Laden sein!

ANTIQUITÄTE

OFFEN

Wie schön, Sie wiederzusehen, Dottoressa!

Nun… ganz meinerseits!

259

Sie kommen sicher deshalb noch mal! Ich habe es für Sie aufbewahrt!

Holla! Das ist genau das Schloss, nach dem wir suchen! Woher kommt es?

„Von einem alten, inzwischen restaurierten Gebäude hier gleich um die Ecke.“

Eau de Duck Parfümerie

Sind Sie an einem speziellen Duft interessiert, Signor?

Schnüff! Schnüff! Trotz dieser ganzen Ausdünstungen hier nehme ich eindeutig einen Duft wahr…

?

… Gold!

Aber das ist unmöglich! Ich trage nicht mal ein Armband! Ich bin allergisch!

Da schlägt doch das Herz der Restauratorin bis zum Hals, oder Artemisia? All diese Wunder!

Ooh... ja!

Ein klassischer Renaissance-Tisch, die Balusterbank, der Scherenstuhl! Und erst dieser...

...K-Kessel?

Genau!

Schnüff! Schnüff!

Das könnte tatsächlich Raffaels erste Werkstatt sein!

Schnüffel! Da ist es!

KNARZ

263

Vielleicht trug Raffael in dem Kästchen also Goldklumpen und keinen Lapislazuli mit sich herum!

Dann habe ich einen Grund mehr, die Schatulle zu finden!

In diesen Papieren steht etwas von einem Umzug nach Florenz…

… damit können wir vielleicht Raffaels zweites Atelier finden!

Na also… Worauf warten wir? Lasst uns hinfahren!

Nicht so eilig…

… Gundel!

Japs!

Ja? Ich will wissen, was die Hexe auf dem Vesuv treibt!

Puh!

DER ZAUBERBLAUE STEIN

DRITTER TEIL

Gundel schlüpfte in die Rolle von Artemisia Putti und begleitet Professor Echo, Dagobert und seine Neffen auf der Suche nach dem zauberblauen Stein.

Florenz, um 1500…

Wir berichten aus dem Leben des jungen und meisterhaften Malers Raffael Duckzio…

IP-3361-2

Ist es wahr, Meister, dass Ihr einen Stein besitzt, der wertvoller ist als Gold?

Es ist wahr! Aber da inzwischen alle Welt davon weiß…

… bewahre ich ihn an einem Ort auf, an dem er nur für mein Auge sichtbar ist!

Bruno Enna (Story), **Alessandro Perina** (Zeichnungen)

Hier ist es so toll! Danke, dass du uns hergeführt hast, Viola!

Gern geschehen! Ich könnte euch noch so viel zeigen! Hier gibt es an jeder Straßenecke etwas zu entdecken.

Wenn wir bloß nicht diese Klamotten tragen müssten, um nicht entdeckt zu werden…

Wir führen dieses Spektakel auf, um Gundels Spione zu täuschen!

BIEP BIEP

269

273

So jetzt kennen Sie die Werkstatt und die Wohnung… Und das hier ist das alter Lager, voller Gerümpel!

LAGERRAUM

Schnüff! Schnüff!

Bedaure, wenn Ihnen das Raumaroma missfällt! Ich lagere hier alte Schuhe!

Nehmen Sie's nicht persönlich! Er ist auf Spurensuche!

LAGERRAUM

Keine Spur von Gold, anders als in der ersten Werkstatt. Was meinen Sie?

Wir könnten trotzdem am richtigen Ort sein! Aber das wissen wir erst, wenn wir alles freigeräumt haben!

Dann miete ich das Lager kurzfristig! Sagen wir für zwanzig Taler…

E allora io quasi, quasi prendo il treno…

Nach langen Verhandlungen…

…räumt man den gesamten Lagerraum leer…

LAGERRAUM

Schnaub!

…und legt so dessen altehrwürdige Gestalt frei!

Es besteht gar kein Zweifel! Die Architektur, die Details! Und dann diese Nische!

47,5 mal 33 Zentimeter, Artemisia! Was sagt dir das?

Mh? Sollte es das?

Raffaels Selbstporträt! Es sind dieselben Maße!

Nein, oh … aber ja! Eindeutig!

Ich werde einige dieser Bücher zurate ziehen und du könntest prüfen, ob Raffael für sein Porträt mit Zauberblau gearbeitet hat!

Aha! Und wie?

Bist du nun eine enge Freundin des Museumsdirektors, oder nicht?

„Ruf ihn an und statte ihm einen Besuch ab!"

Danke, dass wir Sie begleiten dürfen, Artemisia!

Ein Schulaufsatz über die berühmten Uffizien in Florenz sichert uns auf jeden Fall eine gute Note!

Grummel! Solange ich euch vorher nicht zum Mond schieße!

Hier ist unser Meisterwerk! Bei genauerem Hinsehen scheint es tatsächlich, als habe Raffael sein besonderes Blau benutzt...

... allerdings nur für die Augen!

Die Nachricht wird gleich weitergegeben...

Die Augen, sagst du? Einem zeitgenössischen Historiker zufolge...

„... soll Raffael den Stein so aufbewahrt haben, dass nur seine Augen ihn sehen konnten."

Wenn wir also davon ausgehen, dass sein Porträt in dieser Nische stand, dann war der Blick des Künstlers womöglich...

... genau auf den Punkt gerichtet, wo er den Lapislazuli aufbewahrte!

Später, im Lagerraum…

Unglaublich!

Wenn es nicht ausgeschlossen wäre, würde ich das Bild…

… für das Original halten? Sei nicht albern!

Keine Macht der Welt könnte einfach so ein Bild aus dem Museum entwenden!

Stimmt! Die Idee ist völlig abweg…

Herrje! Bringt die Sache endlich auf den Weg!

Sicher doch! Zunächst mal entfernen wir den Rahmen…

… und passen das Porträt in die Nische ein!

Diesmal wissen wir genau, wo wir suchen müssen!

Und hoffentlich fündig werden! Das Unterfangen kostet mich langsam ein Vermögen!

Dann sollten wir keine Zeit verlieren!

Moment mal!

Jemand müsste die Kopie des Porträts zurück ins Museum bringen!

Richtig! Es ist eine Leihgabe des Direktors!

Das übernehme ich und…

Nein, nein! Ich mach das!

Du weißt doch, er ist ein alter Freund!

Wie du willst! Dann kehren wir zurück ins Restaurant!

Wir treffen uns dort zur Vorbereitung der nächsten Etappe unserer Reise!

„… wir müssen es Onkel Dagobert sagen!"

W-was? Artemisia ist in Wirklichkeit G-Gundel?

So ist es! Ich habe Verdacht geschöpft, als sie mittags den Teller mit Spaghetti und Knoblauch fallen ließ.

Aber sie hat ja auch in Urbino schon gezeigt, dass sie ihre eigenen Forschungsergebnisse nicht kennt!*

Und in den Uffizien… erzähl du mal, Viola!

Na ja, sie hat einen Duckasso mit Raffael verwechselt!

*So geschehen in Teil zwei.

Das passt nicht zu einer Kunsthistorikerin! Ich glaube zwar nicht an Hexen, aber…

… ich schon! Damit ist alles klar!

„Diese Gauklerin versucht, mit meiner Hilfe an den zauberblauen Stein zu kommen!"

Da bin ich wieder, Direktor! Tut mir leid, dass ich Sie versteinern musste!

Ich habe das Raffael-Porträt zurückgebracht. Wenn es verschwinden würde, wüsste ja gleich die halbe Welt Bescheid…

… aber wenn Sie verschwinden, werden sich höchstens ein paar Kollegen fragen, wo sie abgeblieben sind!

Eine Hypnose ist zu riskant! Womöglich alarmieren Sie beim Aufwachen den Wachschutz, also…

… schaffe ich Sie mir lieber mit einem kleinen Reisezauber vom Hals!

PUFF

ZAMM

Zauber-
sprüche, Amu-
lette, Hexen...
Das gehört doch
alles ins Reich
der Fantasie!

Leider nicht! Ich schlage mich
schon ein Leben lang mit diesem
hinterlistigen Hexenweib herum!

Sie wird bald hier sein! **Schmatz!**
Was machen wir?

Das Übliche! Sie darf nicht
merken, dass wir Bescheid
wissen!

Gute Idee! Dann
hättest du sie im
Blick und wärst
im Vorteil!

Eben! Und ich
könnte sie im
passenden
Moment ent-
larven!

Da fällt mir ein: Wenn wir es die ganze
Zeit mit einer Hexe zu tun hatten, wo ist
dann die echte Artemisia?

*„Artemisia!"

*„Was ist hier los? Wo sind wir?"

*„Mein Lieber! Ich fürchte, wir sind in die Fänge einer Zauberin geraten und…"

*„… sind am Fuße des Vesuvs!"

Dagobert ist Gundel also auf die Schliche gekommen! Aber wird er verhindern können, dass sie den zauberblauen Stein an sich bringt? Das verrät uns der nächste und letzte Teil!

ENDE des dritten Teils

DER ZAUBERBLAUE STEIN

VIERTER TEIL

Dagobert entdeckt, dass Gundel sich als Artemisia verkleidet hat, behält das aber für sich und reist mit ihr zusammen, Adalberto Echo, Viola und seinen Neffen nach Rom…

Rom, Villa Federsina, nach 1500…

Fantastisch!

Da wären wir, Maestro! Dieser Raum soll mit Euren Fresken ausgestattet werden!

IP-3362-2

Bruno Enna (Story), **Alessandro Perina** (Zeichnungen)

Wunderschön!

So schön verspielt!

Kostspielig, meinst du wohl? Wenn alle Wege nach Rom führen, haben wir den teuersten genommen!

Insofern, Professor Echo, wo ist Raffaels dritte Werkstatt?

Nun... das sehen wir gleich!

Aber ich wollte euch vorher noch auf das Zauberblau in diesem Fresko aufmerksam machen!

Finden wir damit etwa den Stein, aus dem die Farbe stammt?

Nein, stimmt… Artemisia! Ich wollte dir nur zeigen, wie großflächig er hier damit gearbeitet hat!

Womöglich hat Raffael für das Blau in diesem Fresko den ganzen Stein gebraucht!

Um so besser! Dann hat diese Gierdrossel keine Chance, daraus ein Amulett zu machen!

Schnaub!

Was soll das? Wollen Sie, dass wir auffliegen? Sie darf keinen Verdacht schöpfen…

Verzeihung, Signor Duck! Ich kann einfach nicht glauben, dass sie eine Hexe ist!

Ich dachte, wenn sie das Fresko sieht, gibt sie vielleicht auf!

Niemals! Gundel gibt niemals auf! Genau wie ich!

„Sie wird erst dann die Flatter machen, wenn sie sicher ist, dass der Stein nicht existiert!"

Jetzt sind wir genau an dem Ort, den Raffael in den Aufzeichnungen aus Florenz* beschreibt!

*Nachzulesen in Teil drei.

Aber hier ist nur eine Baugrube!

Oh... also... na ja...

Verzeihen Sie, guter Mann! Hat hier nicht mal ein Gebäude gestanden?

Tja, Dottore! In Rom gibt es an einem Tag ein Haus und am nächsten eine neue U-Bahn-Linie!

Stöhn!

Und so…

Mit dieser Ausnahmegenehmigung dürfen wir die Baustelle besichtigen und nach… Kulturgütern suchen!

Na toll! Aber entfernt euch nicht zu weit! Ich schicke euch keinen Suchtrupp hinterher!

Was meint er damit?

Dass unter der Stadt ein künstliches Höhlensystem liegt!

Man hat quasi auf verschiedenen Ebenen gebaut. Und hier gibt es Gebäude, Straßen, eine Wasserversorgung…

… ein zweites unterirdisches Rom, wo man besser mit Höhlenforschern unterwegs ist.

Die brauchen wir nicht! **Schnüff!** Meine Nase sagt mir, das Ziel liegt genau vor unserer Nase!

296

Grrr! Damit kannst du mich fernhalten, Dagobert, aber nicht aufhalten!

Mein Gespür sagt mir ebenfalls, dass Raffaels Stein zum Greifen nah ist!

WUUSCH

Ich muss mich nur auf diesen Wünschelruten-Zauber konzentrieren!

WUUSCH

Na schön! Wenn der Prophet nicht zum Berg kommt, muss der Berg...

BRUUUMMM

... zum Propheten kommen!

KRABOING

Oha! Die Schatulle!

Verhext noch mal! Nur lauter strunznormale… unnütze…

… goldene Klunker!

PLATSCH

Wo ist dieser zauberblaue Stein?! Wo ist das Ding?!

Also…

… ich f-fürchte, meine Vermutung stimmt! Raffael hat…

„… das ganze Blau für das Deckenfresko in der Villa Federsina aufgebraucht!"

Panel 1: Siehst du! Die Magie des Steins umhüllt mich wie ein Schutzschild!

Bleib mir vom Hals!

Panel 2: Dein lächerliches Spray macht mir keine Angst! Die Macht der Stinkknolle ist gebrochen!

Panel 3: SCHNIPP

Mein nächstes Ziel: Dein Geldspeicher mit deinem Glückstaler!

Panel 4: Solltest du es jemals aus dieser Grube und zurück nach Entenhausen schaffen, ist die Nummer Eins… längst meins! **Hahaha!**

Nein!

WUUUSCH

307

Selbst wenn du sie vorwarnen würdest, was könnten sie gegen Gundel ausrichten?

Stimmt! Nichts!

Und du hast keine Chance, sie einzuholen!

Richtig! Nicht mal ein Düsenjet wäre schnell genug!

KICK

Buuhuu! Ich Unglücksvogel! Ich Armer!

Also... hüstel! Rosina hat mir ein paar Häppchen für unterwegs mitgegeben!

Das könnte ein kleiner Trost sein, solange wir hier auf Rettung warten!

Buuhuu! Was für ein Trost denn? Ich bin vernichtet!

Schnief! Aber lecker sind sie! Was ist das?

Bocconcini di Pizza! Allerbeste Nervennahrung!

Viele Häppchen Nervennahrung und eine Rettungsaktion später…

Onkel Dagobert! Die Leitung ist frei! Baptist ist am Telefon!

Seufz! Sicher, um mir die Katastrophenmeldung zu überbringen!

Ja, ich weiß! Gundel wollte in den Geldspeicher eindringen! Ersparen Sie mir keins der düsteren Details!

Was?! Die Hexenabwehranlagen haben funktioniert?!

Aber wie konnte… der zauberblaue Stein… das Amulett… Gundel…

Tja, über sie müssen wir auch noch sprechen!

?

Was ist geschehen? Und mit wem hat Dagobert da gerade gesprochen?

Der Nebel lichtet sich am Morgen danach, direkt am Vesuv...

Oh, Nimmermehr! Das war die schlimmste Niederlage aller Zeiten!

Wieso hat das Amulett nichts bewirkt?! Was habe ich falsch gemacht?

Das kann ich dir sagen!

?

Keuch! D-du!

Jawohl! Wie du siehst! Ich bin dir mal wieder einen Schritt voraus!

Aber um zu erklären, was passiert ist, müssen wir noch einmal reisen, nicht wahr Professor? Und zwar in die Vergangenheit!

So ist es!

„Vor langer Zeit in Rom..."

Ich kann doch nicht für eine einzige Arbeit mein gesamtes Zauberblau aufbrauchen!

Aber der Auftraggeber erwartet ein makelloses Meisterwerk!

Und das kriegt er! Nur ohne Lapislazuli-Blau. Ich nehme einen Azurit...

PATSCH

... und werde so meisterhaft arbeiten, dass niemand den Unterschied bemerkt!

Daher...

Gundel verliert und muss sich schuldig bekennen! Welch seltenes Vergnügen!

Wisst ihr was? Da wir keine Gelegenheit hatten, Rom zu besichtigen, und am Vesuv gelandet sind...

... wie wäre es mit einem Restaurantbesuch in Neapel? Ich lade euch ein!

Wie bitte? Wirklich?

Wow!

So großzügig? Wieso denn das so plötzlich?

Eine Art Wunder, wie es aussieht...

Was für eine wundervolle Stadt! Und die Pizza ist hier sogar noch leckerer als bei Rosina!

Vielleicht sollten wir nicht sofort nach Entenhausen zurückkehren?

W-was? Machst du Witze?

Wieso? War es nicht dein Vorschlag, dass wir noch ein, zwei Tage Urlaub dranhängen?

Juchu! Du musst verrückt geworden sein, aber das macht nichts!

Freust du dich gar nicht? So können wir länger zusammen sein!

Doch natürlich, Viola! Aber Onkel Dagobert ist nie ohne Grund spendabel!

Hätte Gundels Amulett nicht trotz Azurit funktionieren müssen? Es war schließlich das gesamte Lapislazuli-Blau drin…

Mein feines Näschen sagt mir, dass es eben nicht das gesamte Lapislazuli-Blau war!

Nicht zu fassen! Der zauberblaue Stein!

Jedenfalls das, was davon übrig ist! Raffael hatte ihn offenbar vergoldet!

Da er für ihn wertvoller war als Gold, hat er ihn auf diese Weise getarnt!

Raffael war eben ein begnadeter Künstler... und ein ebenso kluger Sparfuchs! Genau wie ich! Hahaha!

An dieser vergnügten Tafel endet das Abenteuer um den zauberblauen Stein! Aber die Reise nach Italien hat sich gelohnt!

ENDE

FANTASTISCH

AUCH ALS
eCOMIC!

Band 1 ab
10.02.
2022

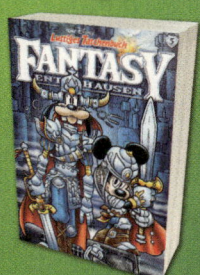

 lustiges-taschenbuch.de

Erhältlich im Handel oder unter **egmont-shop.de**

EGMONT Shop

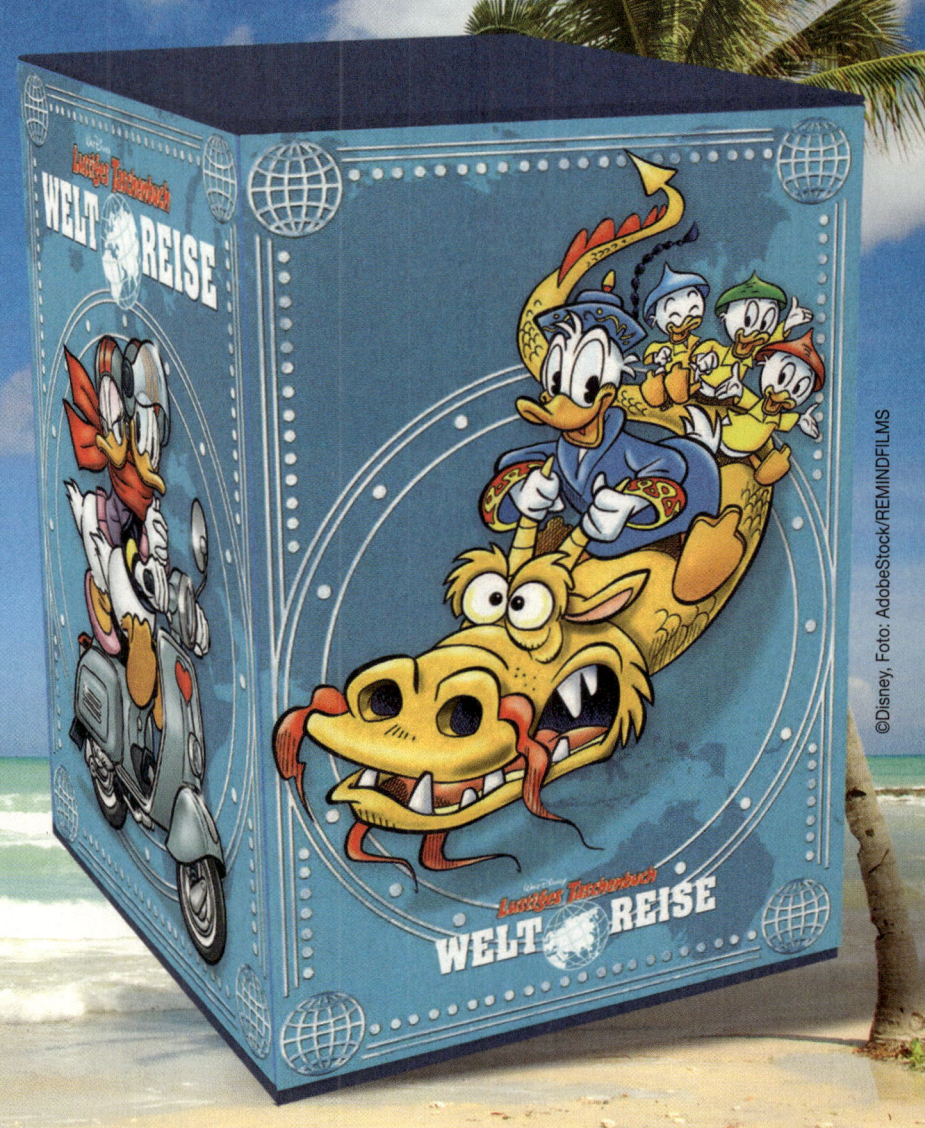